SPIRITISME

ET

OCCULTISME

PAR

ROUXEL

PARIS
LIBRAIRIE DES SCIENCES PSYCHOLOGIQUES
1, RUE CHABANAIS, 1

1892

SPIRITISME

ET

OCCULTISME

SPIRITISME
ET
OCCULTISME

PAR

ROUXEL

PARIS
LIBRAIRIE DES SCIENCES PSYCHOLOGIQUES
1, RUE CHABANAIS, 1

1892

SPIRITISME & OCCULTISME

I. — Introduction.

On se fait généralement une idée fausse du spiritisme. Les personnes d'un esprit ouvert qui veulent bien ne pas considérer les spirites comme des hallucinés et le spiritisme comme un reste de superstition barbare, classent volontiers dans la même catégorie, le spiritisme et l'occultisme.

Cette confusion peut être remarquée chaque jour dans la société lorsqu'on parle des phénomènes qui font l'objet des études spirites, phénomènes dont les causes échappent à la sagacité un peu obtuse, d'ailleurs, des savants français que l'Europe nous envie.

Ce n'est pas seulement dans la conversation qu'a lieu ce *qui proquo :* les journalistes n'en sont pas plus exempts que le commun de leurs lecteurs. Il est devenu de mode, depuis quelque temps, de parler de cet ordre de phénomènes dans la presse : on y est un peu obligé par ce qui se passe, de temps à autre, dans les maisons hantées; et les journaux qui traitent ces questions, avec plus d'esprit que de bon sens quelquefois, ne manquent jamais de parler en bloc des spirites, des mages, des occultistes, comme si tout cela ne formait qu'une même bande, ayant les mêmes idées, croyant aux mêmes symboles, pratiquant le même culte, allant peut-être au même sabbat.

Les journalistes sont à demi excusables de tomber dans cette erreur, peu grave au fond : on comprend que des hommes qui doivent pondre un ou plusieurs articles tous les jours, n'ont guère le temps d'approfondir les questions qu'ils traitent, de prendre des informations sérieuses sur les choses et les hommes dont ils parlent, de se tenir au courant du mouvement des idées, surtout des idées métaphysiques.

D'ailleurs, leurs lecteurs ne leur demandent pas d'être exacts. Qu'on les amuse, c'est l'essentiel; c'est à peu près tout ce qu'exigent, en cette fin siècle, ceux qui ont reçu l'instruction officielle, gratuite et obligatoire et qui veulent faire usage des précieuses connaissances qu'ils ont acquises dans les écoles à tous les degrés.

Mais ce n'est pas seulement dans les journaux quotidiens que se commet l'erreur que nous avons signalée. Les *Revues* les plus sérieuses n'y échappent pas; quoique leurs rédacteurs soient des hommes instruits, laborieux, soigneux de leur travail, prenant tout le temps et toutes les informations nécessaires pour bien faire et pour bien renseigner leurs lecteurs.

C'est ainsi — pour n'en citer qu'un, mais pas des moins savants ni des moins habiles — que M. d'Hulst, dans *le Correspondant* du 25 août 1891, attribue aux spirites des idées qui conviennent peut-être aux occultistes, mais qui n'ont jamais été admises en spiritisme, et qu'il mélange continuellement spiritisme et occultisme, comme si les deux ne faisaient qu'un.

M. d'Hulst dit, par exemple (p. 592), que les spirites se vantent de faire apparaître et parler *à volonté* les âmes des morts.

A volonté est évidemment de trop dans cette assertion, car on sait que les spirites n'ont jamais eu cette prétention. C'est même un des reproches que leur adressent les occultistes, de ne pouvoir obtenir *à volonté* les phénomènes, de dépendre des esprits, tandis qu'eux, occultistes, commandent aux élémentaires et aux élémentals.

Qui a raison des spirites ou des occultistes? C'est ce qui nous importe peu pour le moment; il suffit que, sur ce point essentiel, la dissidence soit nette et bien tranchée pour que nous ayons raison de dire que le spiritisme et l'occultisme sont deux choses bien différentes, et que c'est à tort que l'on confond l'un avec l'autre.

Si le spiritisme et l'occultisme n'étaient qu'une même chose, il serait inutile d'avoir deux noms, et les occultistes, les derniers venus, n'auraient pas de raison d'être.

Si ce sont deux choses différentes, en quoi

consistent ces différences ? Qu'y a-t-il de commun, qu'y a-t-il de distinct, qu'y a-t-il d'opposé entre le spiritisme et l'occultisme ?

Telle est la question que nous nous proposons de résoudre, afin de faire cesser la confusion que nous avons signalée et qui pourrait conduire à des conséquences plus graves si on la laissait s'implanter tout à fait dans l'opinion publique.

La solution à laquelle nous allons être conduits par l'examen et la comparaison de ces deux doctrines ne sera peut-être pas du goût de tout le monde ; mais personne n'est obligé de l'adopter malgré lui, et si quelqu'un veut en donner une meilleure, il sera le bien venu. Il nous restera toujours le mérite d'avoir soulevé la question et d'avoir fait surgir la vraie solution, la nôtre fût-elle erronée.

II. — Qu'est-ce que le Spiritisme ?

Pour résoudre le problème à l'étude, commençons par définir les mots et, par suite, les choses.

Le spiritisme a été défini bien des fois et depuis fort longtemps pour la première fois ; mais tant que le public, hostile ou non, n'en tiendra pas compte et continuera de s'en faire une idée fausse, il faudra bien y revenir.

Tu me fais toujours la même réponse, disait Colombine à Arlequin : Tu me fais toujours la même demande, ripostait Arlequin à Colombine.

Comme Arlequin, le spiritisme est obligé de faire toujours la même réponse, puisqu'on feint de ne l'entendre jamais.

Le spiritisme est une science qui a pour objet d'étudier un ordre particulier de phénomènes dont les causes échappent à nos sens et paraissent en contradiction avec les lois établies plus ou moins arbitrairement par les savants officiels.

Le spiritisme est une science. C'est là, en effet, son caractère fondamental. C'est ce qui le distingue : d'un côté, des religions actuelles, qui se basent sur l'autorité ; et d'autre part, de la fausse science qui pose des principes *a priori* pour en déduire des conséquences plus ou moins logiques et aussi plus ou moins fausses, selon que ledit principe est en contradiction avec un plus grand nombre de faits réels.

Le spiritisme est une science d'observation : il va suivant la méthode baconnienne, des choses aux causes, des faits aux lois. Il se distingue ainsi du spiritualisme en ce que celui-ci ne s'appuie dans ses démonstrations que sur les preuves d'autorité et de raison (1).

Le spiritisme ne néglige pas ce dernier ordre de preuves, qui ont bien leur valeur ; mais en présence du matérialisme triomphant et gouvernant, qui affirme *a priori* qu'il n'y a au monde que de la matière, que l'âme n'est qu'une sécrétion du cer-

(1) Voyez : *Caractère de la révélation spirite*, par Allan Kardec, § 14.

veau, abondance de preuves ne nuit pas, et celles que l'on peut tirer de l'observation et de l'expérience ne sont pas superflues.

Le spiritisme est donc une science autonome : distincte des religions, qui reposent sur la révélation ; distinct du système matérialiste, qui n'a pour lui que la négation ou l'affirmation gratuite, et le budget; distinct du spiritualisme, qui ne démontre son objet que par des témoignages et des raisonnements, et qui est incomplet, puisqu'il n'admet pas la réalité, ni même la possibilité des communications entre les âmes des morts et celles des vivants.

Partant des phénomènes qui font l'objet de ses observations, les enregistrant, les comparant entre eux afin de remonter à leurs causes pour en découvrir les lois, le spiritisme arrive à des inductions, dont les plus immédiates sont les suivantes :

1° Les agents qui produisent les phénomènes dits spirites sont des esprits ou âmes des morts.

2° L'âme survit donc au corps.

3° Si l'âme survit au corps elle n'est donc pas une résultante de l'organisme, elle a son existence propre, son autonomie.

4° Si l'âme continue d'exister après la mort et la décomposition du corps, il n'y a pas de raison pour qu'elle n'ait pas préexisté audit corps et pour qu'elle ne soit pas immortelle.

Arrêtons-nous là pour le moment.

Il va de soi que ces inductions, comme toutes

les inductions possibles, ne sont pas d'une certitude absolue par elles-mêmes : fondées sur un grand nombre de faits, il se peut qu'elles soient renversées par des faits nouveaux ; mais quoi qu'il arrive, il n'en restera pas moins vrai que la méthode suivie par les spirites est la bonne, de l'aveu de tout le monde, et ce n'est que par son moyen qu'on pourra infirmer leurs inductions, sans pour cela nuire au spiritisme, qui consiste essentiellement, nous le répétons, dans l'application de la méthode expérimentale à l'étude des phénomènes dits occultes.

III. — Qu'est-ce que l'Occultisme ?

Maintenant que nous connaissons le spiritisme dans son essence, voyons en quoi consiste l'occultisme, ce qu'il a de commun ou de différent avec le spiritisme.

Commençons par chercher ce qu'il y a de commun entre ces deux objets.

Il n'est pas facile de définir l'occultisme. Depuis longtemps je l'observe et je le vois continuellement ondoyer, se contredire, changer de nom et d'opinion suivant les occurences : hier bouddhiste, avant-hier magiste, aujourd'hui occultiste, tantôt kabbaliste, tantôt zingariste, c'est un véritable Protée.

Bien différent, à cet égard, du spiritisme, qui n'a pas changé de nom depuis tantôt un demi-siècle qu'il existe et qui ne paraît pas avoir envie d'en changer.

Toutefois, l'occultisme a quelque chose de commun avec le spiritisme : l'objet duquel il s'occupe. Mais c'est tout.

L'occultisme, comme le spiritisme, s'occupe des phénomènes dont la cause est invisible et inconnue de la science matérialiste. Il prétend en donner une solution — même plusieurs — bien plus satisfaisante, mais c'est ce dont le public jugera quand nous aurons exposé l'une et l'autre, et quand nous aurons indiqué par quel chemin l'occultisme nous y conduit.

La méthode des occultistes est diamétralement opposée à celle des spirites. Nous avons vu que ceux-ci suivent la méthode expérimentale. L'occultisme, lui, place au-dessus de tout l'autorité : *Magister dixit.*

Il fut un temps — pas bien éloigné — où les occultistes prétendaient expliquer tous les phénomènes spirites par l'intervention d'êtres appelés par eux *élémentals* et *élémentaires*, à l'exclusion absolue des esprits.

Aujourd'hui il en est parmi eux qui commencent à convenir que certains rares phénomènes sont dus à l'intervention des esprits. Ce qui prouve que leurs principes ne sont pas si bien arrêtés qu'ils voudraient le faire croire.

Il ne faut pas désespérer de les voir bientôt convenir que les esprits interviennent souvent, puis, toujours.

Pour arriver plus vite à ce résultat, pour résoudre la question des élémentals et des élémentaires, quelques spirites pressés ont proposé aux occultistes de s'en rapporter à l'expérience.

Le souverain pontife de l'occultisme, M. Papus, a remis ces *profanes* à leur place de la belle manière, avec toute l'aménité qui le caractérise, ce qui d'ailleurs nous touche fort peu.

Mais le même M. Papus a profité de l'occasion pour dire positivement, ce dont il était aisé de se douter, que « certains engagements l'obligent » à ne pas se compromettre avec lesdits profanes.

Il n'y a donc plus de doute possible. L'occultisme est une science occulte, non seulement par son objet mais par sa méthode. L'occultisme est un *secret*; il ne se communique pas aux profanes; il ne se soumet pas non plus à la discussion, ni à l'expérimentation, M. Papus a bien soin de le dire. C'est à prendre ou à laisser, et pour le prendre, il faut d'abord passer sous les fourches caudines de *l'Initiation!*

Nous voulons bien croire, pour le moment, que de précieux secrets sont possédés par les occultistes. Mais nous devons constater que, cela étant, l'occultisme n'a rien de commun avec le spiritisme, qui n'admet que la méthode expérimentale.

L'occultisme n'est donc pas une science, mais une religion. Cette religion vaut-elle au moins les autres religions existantes?

IV. — La Doctrine janusienne.

Si nous voulons être édifiés sur ce point, il faut nous rappeler que l'occultisme est une religion à double face. Il prétend avoir une doctrine ésotérique, qui est le privilège exclusif des hauts initiés, des adeptes, des *supérieurs inconnus;* et une autre doctrine dite exotérique, en contradiction avec la première et souvent aussi en contradiction avec elle-même, ce que nous aurons plus d'une occasion de constater, et que les S.·. I.·. jettent en pâture aux initiés inférieurs, au troupeau servile et aux profanes qui voudront s'en alimenter.

Que pensez-vous de cette doctrine *janusienne?*

Les religions actuelles sont peut-être erronées, mais du moins ceux qui les professent et les enseignent sont sincères et n'ont pas la prétention d'avoir deux doctrines opposées. Tout au plus trouverait-on quelques exemples de la duplicité religieuse chez quelques hordes sauvages; mais aucun peuple civilisé n'oserait avouer une pareille prétention.

La religion occulte n'est donc en réalité qu'un retour aux superstitions les plus absurdes, les plus grotesques. C'est la réalisation de ce que Pascal attribuait, à tort ou à raison, aux jésuites de son temps. Si elle était adoptée, ce serait la mise en coupe réglée, l'exploitation hypocrite du public par une troupe de farceurs plus ou moins initiés aux fameux secrets que *certains engagements* obligent à garder.

Écoutez les occultistes. Vous les entendrez proclamer l'égalité, la fraternité, se plaindre vivement des iniquités sociales présentes, dire que la société est mal organisée, que le riche exploite le pauvre, que le fort exploite le faible, etc.

C'est la doctrine exotérique.

La doctrine ésotérique étant l'inverse, il est facile de la deviner : Proclamons, en paroles, l'égalité et la fraternité, cela produit toujours de l'effet sur un certain public ; critiquons l'organisation sociale, rien n'est plus facile et cela produit encore plus d'effet sur le même public ; le moins qui puisse résulter de notre politique, c'est qu'on nous charge de réorganiser la société, et alors, nous appliquerons notre sociologie occulte : la division du genre humain en deux castes : les initiés et les profanes.

Et c'est à la fin du XIXe siècle que l'on ose proposer un pareil système !

On voit que loin d'être une *religion*, l'occultisme n'est qu'un principe de *division* entre les hommes ; c'est la pire et la plus dangereuse des superstitions. Heureusement, les jeunes gens qui préconisent l'occultisme se trompent de date.

V. — Les Pouvoirs occultes.

Les occultistes se prétendent en possession de pouvoirs non pas surnaturels — le surnaturel n'existe pas pour eux, c'est même là l'épigraphe de leur *Voile d'Isis* — mais extraordinaires, tant physiques que psychiques; pouvoirs qu'ils tiennent des mystérieux Mahatmas.

C'est ainsi qu'ils ont, si on les en croit, le don d'ubiquité; qu'ils commandent aux éléments, aux élémentaires, aux élémentals et à bien d'autres puissances occultes, et que, par l'intermédiaire de ces êtres, ils peuvent produire à volonté tout ce que les médiums spirites n'obtiennent qu'à la volonté de leurs esprits.

Ils possèdent également la clé de toutes les sciences, le passe-partout qui ouvre « les cinquante portes de lumière ».

Par le moyen de cette clé magique ou par quelque autre procédé non moins occulte, ils nous assurent qu'ils ont acquis la connaissance de toutes les philosophies anciennes et modernes et qu'ils sont en mesure de les concilier entre elles, d'en faire la synthèse, et par suite de régénérer les religions, les sciences, l'humanité entière.

Pour des gens qui affectent de se cacher, de ne pas vouloir occuper l'opinion publique et surtout satisfaire sa curiosité, voilà des prétentions qui ne pêchent pas par excès de modestie. Que faut-il en croire?

En attendant mieux, en espérant qu'un jour ou l'autre on nous entrebâillera une des cinquante portes de lumière, ce que nous pouvons faire, c'est de croire ce que nous voyons.

Or, que voyons-nous? Les occultistes ayant besoin de faire des expériences pour converser avec les élémentaires, les larves, les striges et le reste, sont obligés de recourir aux médiums spirites.

Les occultistes ne jouissent donc pas des brillantes facultés physiques qu'ils annoncent. Peut-être veulent-ils les ménager? Dans ce cas, le moins qu'ils devraient faire, ce serait d'user de leurs subtiles facultés intellectuelles, de la clé de la porte de lumière, pour ne pas se laisser duper par de simples médiums qui n'ont, à leur dire, que la foi et l'ignorance, comme cela leur est arrivé, après avoir pris toutes les précautions qu'ils ont crues nécessaires.

Il est vrai de dire qu'ils ne se sont aperçus de la tromperie qu'après avoir obtenu les apports et avoir donné à cette vieille nouveauté toute la publicité possible; de sorte qu'on est presque en droit de se demander si l'occultisme n'a pas voulu faire coup double : se faire de la réclame par les miracles qu'il obtenait, puis, l'effet produit, jeter le discrédit sur les spirites en accusant leur médium.

Les pouvoirs naturels, physiques et psychiques des occultistes restent donc à l'état de problème.

VI. — La Clé des cinquante portes de lumièr

Quant à la clé des cinquante portes de lumièr il paraît que les occultistes ne savent guère s'e servir — supposé qu'ils la possèdent — ou que l lumière qui s'échappe de ces portes les éblouit car leurs écrits fourmillent de contradictions su les connaissances que leur a révélées cette clé.

C'est ainsi que nous voyons l'un de ces mage modernes nous dire dans la *Revue de Famille* d 15 novembre 1890, que grâce à cette clé ils n'on pas besoin de diviser les sciences, de se spécialiser comme le font les savants officiels; chaque mage est un Pic de la Mirandole, connaît tout et autre chose encore. Puis, sans même nous laisser le temps de tourner la page, le même mage nous avoue que les occultistes se spécialisent tout de même.

Papus, le grand Papus, l'incomparable Papus, infaillible comme tous les *papi* du monde, avoue que :

« Les affirmations de l'occultisme peuvent être considérées comme gratuites, c'est possible. Mais ce sont les seules pour le moment qui donnent une raison suffisante de la constitution intrinsèque de l'Univers, de la cause, de la naissance et de la fin des planètes et des univers, de la date précise des déluges périodiques et des transformations géologiques subséquentes, de la génération et des facultés des diverses races humaines qui ont évolué ou qui *évolueront* sur notre planète, je les accepte faute de mieux. »

Et un peu plus loin dans le même article, aveu non moins précis :

« Nul de nous n'a jamais prétendu posséder la Vérité. Nous la cherchons tous et nous ne pouvons qu'accueillir avec reconnaissance l'école qui nous apportera l'âme de la terre dans un verre à expériences. »

Comment concilier ces aveux du mage Papus avec ceux du mage Michelet et même avec d'autres assertions du même Papus ? Il est probable que, sans le faire exprès, on a mêlé l'ésotérisme avec l'exotérisme et qu'il en est résulté ce galimatias.

Pour nous, qui n'avons pas renoncé au bon ens, il semble évident que les mages modernes e possèdent pas du tout la clé, ou qu'ils ne savent as s'en servir, ou que derrière les cinquante portes il n'y a que ténèbres.

A coup sûr ils sont très loin de connaître, comme ils s'en vantent, toutes les philosophies anciennes et modernes et de pouvoir les réunir en une seule synthèse. Il suffit, en effet, d'avoir une érudition très superficielle pour savoir qu'il existe en Occident des centaines, des milliers de systèmes cosmogoniques plus ou moins supérieurs à celui qui satisfait les mages « pour le moment », et dont ils ne paraissent pas avoir la moindre idée ni même soupçonner l'existence.

VII. — Les Manvantaras.

Mais, au fait, qu'y a-t-il donc de si merveilleux dans la théorie que les occultistes nous proposent pour expliquer l'Univers, les planètes et les univers, les déluges, les races humaines, etc.

Leur explication de l'Univers se réduit à la périodicité de ce que les brahmes appellent les *manvantaras etpralayas*, jours et nuits de Brahma.

Cette théorie n'a rien de nouveau. Depuis deux ou trois siècles surtout, que nous sommes en relations suivies avec les Indous, une foule de voyageurs l'ont exposée plus ou moins sommairement dans leurs ouvrages ; de nombreux traités spéciaux très détaillés ont été publiés sur la philosophie brahmanique et bouddhique ; beaucoup d'ouvrages, les principaux, ont été traduits du sanscrit en anglais, en français, dans toutes les langues européennes depuis longtemps.

Et nos occultistes ont eu besoin d'aller consulter les oracles mahatmiques au sommet de l'Himalaya pour apprendre cela et pour venir nous l'enseigner sous le sceau du secret? Fameux secret, qui traîne dans les casiers de tous les bouquinistes! Les mages modernes auraient aussi bien fait de rester au coin de leur feu, après avoir fait un tour sur les quais, ils auraient ainsi appris ce que leur ont confidentiellement enseigné les Mahatmas et même beaucoup d'autres choses.

Les occultistes nous disent bien qu'un jour de Brahma dure quatre cent trente-deux mille ans; mais ils ne nous disent pas d'où provient ce chiffre, pourquoi celui-là et non pas un autre.

Est-ce là un secret?

Il faut avouer qu'on n'en voit pas l'utilité, ni la raison d'être. Quel inconvénient peut-il y avoir, lorsqu'on donne un produit, à donner aussi les facteurs qui entrent dans sa composition?

Mystère! Alors, que l'occultisme ne se moque plus du christianisme.

Enfin, puisque c'est un secret, il faut bien se résoudre à l'ignorer, et attendre patiemment, supposé qu'ils le sachent et que nous l'ignorions, que les initiés nous jugent assez *déprofanisé* pour le recevoir.

Et alors, il se pourra bien que nous leur montrions, preuves en mains, que c'est le secret de Polichinelle et que s'il était ignoré de quelqu'un, c'est d'eux-mêmes. Nous pourrons même leur prouver qu'ils ont encore besoin d'aller à l'école primaire pour ne pas confondre 432.000 avec 4.320.000.

Ce que nous disons du système des manvantaras d'après les occultistes s'applique *a pari* à toutes leurs autres théories cosmogoniques. Il existe quantité de systèmes plus ou moins ingénieux sur toutes ces questions de la vie des planètes, de leurs révolutions et régénérations par l'eau ou le feu, de l'origine des hommes, etc. Il faut ne pas être difficile ou être bien ignorant pour accepter celui qu'ils nous proposent « faute de mieux ».

Mais à quoi bon insister sur ces théories d'une utilité physique, psychique et morale bien minime, auxquelles les occultistes attachent tant d'importance et qui ne sont bonnes tout au plus qu'à occuper les loisirs des désœuvrés, à piquer un moment la curiosité des oisifs.

Les théories cosmogoniques sont plus ou moins hypothétiques. Le spiritisme, qui est une science expérimentale, n'a pas à se prononcer sur leur valeur, du moins c'est le moindre de ses soucis. Ce qui le préoccupe avant tout et par dessus tout, c'est la question de l'homme, et de sa destinée.

Voyons donc ce que nous enseignent à cet égard les mages modernes, « dépositaires de la science « secrète, familiers avec les choses de l'occulte « qu'il dévoilent à l'occasion à certains initiés ». (*Voile d'Isis*, 18 mars 1891.)

VIII. — Les Sept principes de l'homme.

D'après nos jeunes occultistes, l'homme est composé de sept principes, qui sont :

1. Le corps physique; en sanscrit, *rupa*.
2. Le principe vital, *jiva*.
3. Le corps astral, *linga sharira*.
4. L'âme animale, *kama rupa*.
5. L'âme humaine, *manas*.

6. L'âme spirituelle, *buddhi.*

7. L'esprit universel, *atma.*

De ces sept principes, l'homme de notre race ne possède que les quatre premiers; l'homme actuel est encore plongé dans l'animalité, tout au plus le cinquième principe, l'humanité, commence-t-il à émerger.

Toutefois il y a quelques hommes d'élite qui possèdent *manas* dans toute sa plénitude, et vous devinez bien que ce sont les initiés.

Quant au sixième principe, il est tellement au-dessus de l'état actuel des profanes qu'ils ne peuvent s'en faire une idée; il faut pour cela avoir développé complètement son cinquième principe, ce qui est, comme on vient de le voir, le privilège des Supérieurs inconnus.

Le septième principe est *a fortiori* bien au-dessus de notre portée et de tout ce que nous pouvons imaginer. Néanmoins les Mahatmas le connaissent très bien : rien n'échappe à leur perspicacité; seulement, ils ne peuvent nous en donner aucune idée. C'est un secret! Vous comprenez?

Il résulte donc de ce qui précède que l'homme de notre race est, par hypothèse, formé de sept principes constitutifs, mais qu'en réalité il n'en possède que quatre; de sorte qu'il est constitué sans être constitué. C'est clair.

S'il en est ainsi de notre race, à plus forte raison des races inférieures. Aussi ne doit-on se faire aucun scrupule de massacrer et tout au moins d'asservir ces races inférieures, qui n'ont de l'homme que la figure. Aussi va-t-il sans dire que les initiés peuvent en toute justice se conduire envers les profanes de la même manière que ceux-ci en agissent avec les races inférieures, les quantités négligables.

C'est une bien belle chose que la philosophie des occultistes ; elle est très propre à répandre les idées et les sentiments de liberté, d'égalité, de fraternité, de charité entre les hommes que l'on proclame si haut. C'est vraiment dommage qu'elle ne soit pas plus répandue et que nous soyons encore trop profanes pour que ses heureux et tout-puissants dispensateurs puissent nous la révéler entièrement.

Il n'est peut-être pas hors de propos d'observer que la race humaine actuelle n'ayant encore que le germe du cinquième principe, les races antérieures devaient en être totalement dépourvues. Ces races devaient donc être privées d'intelligence, de sens moral, de tout ce qui caractérise plus ou moins les profanes de nos jours.

Pourtant les initiés nous assurent que des civilisations très avancées ont fleuri chez les races antérieures. « Les civilisations égyptienne, grecque et romaine n'étaient pas comparables à celles des races antérieures » (1).

Les sociétés peuvent donc se civiliser, et même à un très haut degré, sans posséder les moindres

(1) Troisième et quatrième races. Nous sommes la cinquième.

notions intellectuelles et morales! C'est là une nouveauté que l'occultisme seul était capable de nous enseigner, et nous devons lui en être très reconnaissants.

Maintenant que nous savons que sept principes constituent l'homme imaginaire et que quatre seulement de ces principes constituent l'homme réel, voyons ce que devient, à la mort, chacun de ces quatre principes.

IX. — La Fin du corps astral.

Rupa retourne à la terre d'où il vient; nous savons déjà cela.

Jiva, qui est, nous dit-on, une force matérielle, suit *rupa*.

Nous serions curieux de savoir ce que les initiés entendent par une force matérielle, mais c'est sans doute là un secret qui ne peut, pour cause, être divulgué aux profanes comme nous.

Nous serions bien embarrassé de dire ce que vient faire *linga sharira*, le corps astral, entre *jiva*, qui paraît répondre à la végétalité, et *kama rupa*, l'âme animale, qui est bien l'animalité. Nous ne voyons rien dans la nature qui soit intermédiaire entre les végétaux et les animaux, par conséquent, il n'y a pas de place pour un principe qui ne *principie* rien.

Profanes que nous sommes! C'est encore un secret, cela saute aux yeux.

Il n'est pas plus facile de savoir ce que les initiés entendent par le corps astral que de comprendre pourquoi il se trouve parmi les principes.

M. Sinnett nous assure que le corps astral est le plan original du corps physique, et, d'autre part, qu'il en est l'ombre. On peut choisir entre ces deux assertions; l'une est sans doute exotérique et l'autre ésotérique; mais laquelle?

Quoi qu'il en soit, à la mort, *linga sharira* se sépare, paraît-il, des autres principes et reste, comme on dit, assis par terre, le cul entre deux selles, c'est-à-dire qu'il vogue à l'aventure pendant un temps plus ou moins long, et puis... on ne dit pas ce qu'il devient finalement. C'est encore un secret pour les profanes.

C'est ce *linga sharira*, se charriant au hasard, après la mort, comme un navire désemparé, qui est le principe des apparitions, des fantômes, des revenants, et de certains phénomènes spirites. Ce sont toujours les initiés qui nous l'assurent.

Laissons pour un moment *linga sharira* faire ses farces et effrayer les bonnes femmes et les enfants, nous y reviendrons plus loin; et voyons ce que deviennent les autres principes de l'homme *post mortem*.

Kama rupa n'est guère logé à meilleure enseigne que *linga sharira*. Il va dans *kama loca*, c'est-à-dire qu'il flotte à la dérive dans les bas lieux pendant que *manas* s'en va en *Devakan* ou en *Avitchi*, autrement dit, en paradis ou en enfer.

Toutefois, l'âme animale n'est pas si complètement abandonnée de Dieu et de l'homme que le corps astral. Un lien fluidique rattache *kama rupa* à *manas* pendant la période dévakanique, comme une corde relie la nacelle au ballon.

N'oubliez pas que ce sont les initiés qui nous assurent cela, car, pour mon compte, je n'ai jamais vu ni *kama rupa*, ni *manas* ni le lieu fluidique qui les relie.

Manas reste en *devakan* pendant une période de temps qui varie de mille cinq cents à huit mille ans. Le terme échu, *manas* redescend, passe par *kama loca* pour endosser de nouveau *kama rupa* et recommencer une nouvelle vie.

Histoire de tuer le temps pendant qu'il est en *kama loca*, *kama rupa* ne dédaigne pas de venir rendre visite aux simples mortels; c'est lui, c'est l'âme animale, qui intervient dans tous les phénomènes spirites qui ne s'expliquent pas par l'intervention de *linga sharira*.

X. — Devakan et Avitchi.

Voulez-vous savoir ce que fait *manas* en *devakan* ou en *avitchi*? En devakan il reçoit la récompense qu'il a méritée pendant son incarnation; en *avitchi*, il subit la punition qu'il a également encourue.

C'est, comme on voit, le paradis et l'enfer des chrétiens, avec cette différence qu'ils ne sont pas éternels, et que les initiés nous assurent qu'il va très peu de *manas* en *avitchi*, car il est bien rare qu'un homme n'ait pas à son actif assez de bonnes actions pour mériter une petite place en devakan.

Je ne vois pas bien clairement la manière de concilier ce devakan presque universel avec l'assertion ci-dessus que l'homme est encore immergé dans l'animalité et qu'ils sont bien rares ceux qui ont quelque peu développé les premiers bourgeons de leur *manas*. Mais il ne faut pas s'étonner de cela : il y a tant de choses qui échappent aux profanes et qui sont d'une évidence palpable pour les initiés à qui la parole du Maître suffit.

Le genre de vie de *manas* en *devakan* n'est d'ailleurs pas très varié, et je crois qu'il n'y perdrait pas beaucoup s'il allait en *avitchi*.

L'âme humaine en *devakan* mène une vie toute oisive; elle jouit passivement de la récompense qu'elle a méritée, sans plus s'occuper de rien, ni des parents et amis qu'elle a laissés sur la terre, ni de son propre perfectionnement. La période dévakanique terminée, elle revient sur la terre, rechausser *kama rupa* dans le même état qu'elle en était partie.

On pourrait la comparer à ces ouvriers de la plus basse classe qui, après avoir reçu leur quinzaine, s'en vont « faire la noce » et ne rentrent à l'atelier que lorsqu'ils ont dépensé leur paye jusqu'au dernier sou.

Ajoutons que sa réincarnation se fait d'une manière absolument fatale, « avec autant de certitude que la molécule d'oxygène, mise en présence de molécules diverses, ira à celle pour laquelle elle ressent plus d'affinité ».

Tout en se réincarnant ainsi, sans choix, sans discernement, sans préparation, Manas n'en arrive pas moins, toujours fatalement, à accomplir son évolution, à devenir dhyan-choan, buddhi et à entrer finalement en *nirvana*.

XI. — Nirvana.

Il n'est pas facile de tirer des initiés une idée exacte de leur nirvana. C'est une sorte de devakan puissancié et infini ou indéfini. Il y a un nirvana exotérique et un autre ésotérique, mais ni l'un ni l'autre ne sont le nirvana tel que le connaissent les profanes.

Le nirvana exotérique, nous assurent les occultistes, c'est l'anéantissement de la monade humaine dans le grand tout.

Le nirvana ésotérique est quelque chose de bien différent.

« Lorsque nous parlons, dit M. Sinnett, de la fin ultime de *l'homme-Dieu*, venant se fondre dans l'état de *conscience absolue* du paranirvana, nous ne faisons allusion qu'à la perte de la personnalité physique, l'individualité étant, dans ce cas, entièrement conservée. »

Avez-vous compris ? Il semble, en tout cas, que la doctrine ésotérique n'est venue qu'après coup, car nous savons, nous autres profanes, que les brahmes, plus anciens, avaient du nirvana une idée plus exacte que les bouddhistes. Pour eux le nirvana consistait à parvenir à des régions d'où on ne revient plus, mais à continuer de vivre.

Le nirvana, dit Guldenstubbé (un profane, un spirite, qui, d'après les initiés, n'a que la foi et une grande ignorance), le nirvana n'est nullement l'anéantissement de l'esprit ou de l'âme, mais l'extinction de l'égoïsme, la délivrance de l'âme immortelle du joug des éléments matériels qui l'entravent dans son vol sublime vers le séjour de l'éternelle félicité.

Cette définition est au moins aussi claire que celle de Sinnett, et prouve que nous n'avions pas besoin qu'on nous révélât la doctrine secrète pour savoir à quoi nous en tenir sur ce point.

Il y a quelques spirites qui se donnent un mal infini pour obtenir la permission de glisser furtivement un regard par la serrure d'une des cinquante portes et en tirer un rayon de lumière. Ils y perdent leur temps et leur peine, et pour cause. Ils feraient bien mieux, comme on voit, d'étudier leurs propres auteurs. Guldenstubbé n'est pas le seul qui ait parlé de la philosophie indoue, avec beaucoup plus de compétence que les échappés de collège qui se disent occultistes et qui le sont en effet dans toute la force du terme.

Nous n'entrerons pas dans plus détails sur la philosophie des occultistes; nous ne ferions qu'aller d'absurdité en absurdité. Ce que nous en avons dit suffit pour montrer, ce qui est notre but, que l'occultisme ne nous présente rien d'original, comme il l'annonce, et qu'il n'y a rien de commun entre l'occultisme et le spiritisme. L'objet seul est le même. Les deux méthodes sont diamétralement opposées.

Le spiritisme est expérimental, l'occultisme est *magistral*. Le spiritisme procède par démonstration; l'occultisme par affirmation.

N'allez pas croire que nous sommes le seul ou le premier à émettre un pareil jugement sur l'occultisme. C'est celui que portent tous les gens éclairés et de bonne foi.

« Les frères (mahatmas), dit M. Glardon, proclament bien haut, par la bouche de leurs représentants, que le temps des religions et des miracles est passé; la philosophie dont ils sont les adeptes ne veut pour fondement que la science positive, pour méthode que la méthode expérimentale; et ils commencent par exiger qu'on croie à leur propre existence sans les avoir jamais vus. » (*Bibliot. univers. et Revue Suisse*, fév. 1888.)

Ils ne se contentent pas d'exiger qu'on croie à leur existence, ils veulent aussi que l'on croie à leur parole sans preuves à l'appui.

Etablissons maintenaut quelques comparaisons entre l'occultisme et le spiritisme.

XII. — Le Corps astral (périsprit des spirites).

Les sept principes constitutifs de l'homme, d'après nos occultistes, sont purement arbitraires.

Le troisième principe (le corps astral) n'a aucune raison d'être; il n'entre en scène que dans le but — manqué du reste — d'expliquer les apparitions et les fantômes.

M. Sinnett, le divulgateur des sept principes, se contredit en donnant le corps astral comme l'ombre du corps physique, d'une part, comme le plan original dudit corps physique, de l'autre. Le plan d'un édifice est indépendant de cet édifice et lui est antérieur; il ne peut donc en être l'ombre.

Je viens de dire que l'hypothése du corps astral, tel que le définissent nos maîtres en occultisme, n'explique pas les apparitions comme ils le prétendent.

En effet, séparé, comme ils le disent, de la vitalité et de l'animalité, il est nécessairement sans vie, sans mouvement, sans action. Comment donc pourrait-il se transporter d'un lieu dans un autre pour apparaître ?

En y mettant beaucoup de complaisance, on pourrait admettre que cette hypothèse explique les apparitions passives, celles qui ne disent et ne font rien; mais la plupart des revenants se meuvent, agissent, parlent. Ils sont même le plus souvent beaucoup trop actifs au gré des personnes qui sont obligées de subir le vacarme qu'ils font, les paroles qu'ils disent, les coups qu'ils frappent.

Si le corps astral n'était qu'une ombre ou un plan original du corps physique, il ne pourrait évidemment pas faire toutes ces choses.

Et pourtant elles se font, ainsi que beaucoup d'autres.

Faudra-t-il donc supposer une cause active et intelligente qui meut le corps astral et qui le dirige dans ses actes ? Abondance d'hypothèses n'est pas science.

Mettons à côté de ce galimatias la théorie spirite.

Mens agitat molem. C'est l'esprit qui donne la forme à la matière. L'esprit forme le corps astral à son image et, le corps astral, construit le corps physique sous cette impulsion et sur le même modèle. Le corps astral se trouvant entre l'esprit et la matière, participe des deux.

Lorsqu'arrive la séparation de l'âme et du corps, le corps astral, qui va avec l'esprit, est imprégné de matière plus ou moins grossière suivant le genre de vie que l'individu a mené.

Après la mort du corps physique, l'âme continuant de vivre, renouvelle continuellement son corps astral, comme en ce monde son corps physique ; mais, comme en ce monde aussi, cela n'a lieu qu'insensiblement. L'âme ne change pas subitement de corps astral et tout d'une pièce, comme le serpent change de peau. Les parties désagrégées entrent dans de nouvelles combinaisons, mais ne forment pas une coque, comme le croient les occultistes, prête à recevoir un élémentaire quelconque et à devenir un fantôme.

Pendant la vie ultra-terrestre, qui n'est pas oisive comme le croient les mages modernes, mais active, comme l'enseignaient les bardes gaulois, l'âme peut se perfectionner et, par là même, épurer, éthériser son corps astral qui, d'obscur et grossier qu'il était, devient plus subtile, plus lumineux. Mais ce perfectionnement de l'âme (et, par suite, du corps astral) ne s'opère pas instantanément, par un coup de baguette du mage; ce n'est qu'à force de travail, d'efforts sur elle-même et de persévérance, que l'âme s'améliore, et les résidus astraux qu'elle rejette (le *caput mortuum*) se dispersent et entrent, comme matériaux, dans de nouvelles combinaisons organiques.

Le corps astral ne peut donc produire aucun phénomème d'ordre spirite sans l'âme, pas plus que l'âme sans le corps astral, qui est son organisme.

Le corps astral étant un corps, c'est-à-dire passif par lui-même, ne peut pas être un principe, dont l'essence est l'activité. Les sept principes de l'occultisme se réduisent donc à six. C'est dommage pour le *sacrum septenarium*.

XIII. — Le Devakan des occidentaux.

Nous n'examinerons pas si le *kama rupa* (l'âme animale) et le *manas* (l'âme humaine), se séparent l'un de l'autre à la mort et tous deux du corps astral, comme les occultistes nous l'assurent. Il faudrait d'abord savoir si ces deux principes existent dans l'homme, dans quelles conditions ils s'y trouvent, quelles sont leurs relations entre eux et avec les autres principes. Autant de points sur lesquels l'enfantine doctrine secrète est muette.

Il est regrettable de ne pouvoir, faute d'éléments, discuter cette question, car la nacelle se baladant au-dessus ou au-dessous de nos têtes pendant une période de mille cinq cents à huit mille ans, tandis que le ballon se tourne les pouces là-haut dans un lieu qui n'est pas un lieu, mais un état, et qui s'appelle devakan, est une idée qui ne manque pas de singularité.

Observons en passant que si l'idée du devakan est singulière elle n'est pas originale, et ce n'était pas la peine d'aller à Bénarès pour nous l'enseigner sous le sceau du secret, car elle est connue en Occident depuis une éternité.

Pour ne pas sortir des temps historiques ni abuser des citations, nous ne nommerons qu'Hérodote et Virgile.

Hérodote dit que l'âme passe trois mille ans

avant d'animer un nouveau corps humain. Il ne dit pas que kama rupa reste pendant ce temps-là en kama loca à l'attendre, mais il croit, avec les Egyptiens, que l'âme passe ce temps — non pas oisive en devakan — mais dans diverses transmigrations et qu'elle anime successivement des animaux aquatiques, terrestres ou volatiles.

Pour Virgile, l'âme passe mille ans dans l'Élysée ou le Tartare, c'est-à-dire en devakan ou avitchi. .

On voit que les secrets des mages modernes sont très rares et bien précieux et qu'il nous font une grande grâce de vouloir bien, enfin, nous les révéler, car il y a plus de quatre bergers en France qui ne les connaissent pas.

Je ne citerai pas Pythagore, qui admet, comme un simple spirite, la distinction entre l'âme et l'esprit et qui croit que le *corps astral* (qu'il appelle le *char de l'âme*), *l'âme* et *l'esprit* forment un tout. Pythagore appartient aux occultistes, ils s'en sont emparé, personne n'a le droit d'y toucher. Heureusement qu'il ne manque pas d'autres auteurs anciens et modernes pour les confondre.

Nous avons insinué plus haut, en comparant manas en devakan à un manœuvre en goguette dépensant son salaire de la quinzaine avant de retourner à l'ouvrage, que nous ne partagions pas sur ce point la manière de voir des occultistes. Nous ne sommes pas seuls de cet avis. Dans un livre qui vient de paraître : *A la recherche des destinées*, M. Eugène Nus porte le jugement suivant de l'oisiveté dévakanique :

« J'avoue, dit-il, que cet état purement subjectif, sans mouvement réel, sans action efficace, sans utilité d'aucune sorte pour le progrès de la personne ni pour celui de l'espèce, ne satisfait pas complètement mon idéal. Il m'est difficile d'admettre que cette vie de l'autre monde, astral ou spirituel, n'ait comme la doctrine (ésotérique) semble l'indiquer, aucune influence sur l'existence matérielle qui va suivre, et que l'être qui se réincarne après avoir touché et savouré son salaire, dans un rêve oublié, revienne sur la terre tel qu'il en était parti, avec les mêmes aspirations, les mêmes forces, les mêmes faiblesses. Les phases ultra-terrestres ainsi comprises ne sont en somme que des lacunes dans l'activité libre de l'individu. Je ne reconnais pas là les procédés habituels de la nature qui joint toujours l'utile à l'agréable, et je trouverais le salaire beaucoup plus précieux, s'il servait à constituer un capital pour l'avenir. »

Tout ignorants et profanes qu'ils sont, les spirites ont d'autres idées bien connues sur la vie d'outre-tombe. Ces idées sont simplement celles de toute l'antiquité, notamment de nos ancêtres, les Gaulois. Si les occultistes savaient discerner le vrai du faux, s'ils n'étaient pas éblouis par la lumière des cinquante portes, ils auraient pu trouver ces idées partout, même dans la philosophie indoue qu'ils prétendent nous enseigner.

XIV. — Le Karma, Fatalité ou Liberté.

D'après le sens général du bouddhisme ésotérique, qui fait les délices des occultistes, tout dans l'univers est soumis à la fatalité. Pour M. Sinnett, le secrétaire des Mahatmas, la loi des cycles est immuable.

C'est en vertu de cette loi d'airain qu'évoluent les planètes, leurs satellistes et leurs parasites : végétaux, animaux, hommes ; et que les races, sous-races, branches et rameaux humains se succèdent, qu'ils le veuillent ou non.

« Ni à une race mère, dit M. Sinnett, ni à plus forte raison à des sous-races ou branches, il n'est accordé d'empiéter sur les prérogatives de la race ou de la sous-race qui doit suivre, et d'acquérir même la plus petite partie des pouvoirs ou des connaissances réservés à ses successeurs. »

Ce qui est supposé vrai pour les races, l'est également pour les individus. Chacun va en devakan ou en avitchi suivant ses mérites, ce qui est juste ; mais chacun aussi se réincarne, nous l'avons vu, aussi fatalement que les planètes font leurs évolutions. Écoutons M. Sinnett.

« Avec autant de certitude que la molécule d'oxygène, mise en présence de molécules diverses, ira à celle pour laquelle elle ressent le plus d'affinité; avec autant de certitude, le *karma* ou faisceau d'affinités conduit la monade à chercher et à trouver le genre d'incarnations pouvant satisfaire les mystérieuses attractions qui la dirigent. »

Naturellement, tout cela est affirmé dogmatiquement, sans aucune preuve de fait ou de raison à l'appui. Est-ce qu'un initié doit s'abaisser à raisonner avec des profanes?

Ce fatalisme est d'ailleurs la conséquence forcée du matérialisme des Maîtres. On sait que, pour eux, tout est matière, y compris les forces.

Nous avons montré, dans les *trois principes universels* (*Revue spirite* d'octobre 1891), que la matière étant essentiellement inerte, il y a contraction entre matière et force; la force matérielle est donc une absurdité, jusqu'à preuve du contraire.

Il n'est pas facile de comprendre comment ce fatalisme s'accorde avec le *karma*, le mérite et le démérite des individus, ni avec le devakan et l'avitchi. Si l'homme n'est pas libre, comment peut-il mériter ou démériter? Pourquoi ira-t-il en avitchi ou en devakan?

Évidemment, c'est encore là un secret que les initiés seuls peuvent pénétrer.

En attendant qu'ils nous jugent assez émergés de kama rupa pour nous le révéler, voyons un peu quelle est l'opinion des spirites sur le karma.

Il entre trois éléments dans la constitution des actes humains : 1° la providence; 2° la liberté; 3° la fatalité.

Par la providence, par le principe divin qui est en lui, l'homme est incliné au bien. C'est l'état d'innocence.

Par la liberté que Dieu lui a accordée (c'est le principe humain), l'homme peut choisir, faire le bien ou le mal. Mais il en subit fatalement, tôt ou tard, les conséquences bonnes ou mauvaises.

C'est en cela que consiste le troisième élément, la fatalité, qui vient de l'homme, comme on voit, et non de Dieu.

Le mal, le péché, œuvre de la liberté humaine, est donc, pour le moins, un retard dans la voie du bien. C'est en ce sens que la peine qui en résulte est éternelle.

« Ce qui s'est fait, dit saint Bernard, ne peut pas ne pas être fait, si bien que le faire a dépendu du temps, mais l'avoir fait demeure éternellement. Ce qui a passé le temps, ne se passera pas avec le temps. Ainsi les mauvaises œuvres, dont la mémoire demeurera éternellement dans l'âme, la géhéneront éternellement. »

Si, au lieu d'avoir commis une mauvaise action, on avait fait la bonne action qui lui est opposée, on aurait avancé dans la voie de perfection d'un pas qu'on ne pourrait jamais regagner, toutes choses égales d'ailleurs.

Mais à tout péché miséricorde; la sagesse

infinie de Dieu a mis à côté de la faute le repentir qui est un stimulant pour réparer les fautes passées et regagner le temps perdu. Sans faute, pas de repentir; sans repentir, pas de stimulant qui nous pousse vers le bien avec une résolution plus énergique que celle qui meut le sage qui n'a jamais péché.

De ce que, par le repentir, la miséricorde divine vient en aide au pécheur et le porte plus activement vers le bien, il résulte que la fatalité dérive de la liberté, mais ne la domine pas; elle l'incline, mais ne la nécessite pas. La même volonté qui a failli, se sert de sa faute même, comme d'un tremplin, pour s'élancer dans la sphère de la pénitence et de la réparation.

Voilà en quoi consiste le karma spiritualiste.

On se doute bien que cette doctrine n'est pas nouvelle, puisque je viens de citer un passage de saint Bernard qui y fait allusion. Je pourrais citer bien d'autres auteurs anciens et modernes, car elle date de la plus haute antiquité et s'est toujours conservée, — hors des écoles et des académies, bien entendu ; — les spirites ne font que se l'approprier après contrôle.

Le karma étant l'œuvre de l'homme, le fruit de l'usage qu'il fait de sa liberté, réglé par la justice de Dieu, mais tempéré par sa bonté, sa miséricorde, la réincarnation n'est pas déterminée fatalement par le karma.

Dieu (la loi des cycles, si l'on préfère une loi

sans législateur) n'impose pas rigoureusement telle ou telle réincarnation à l'âme.

XV. — Inductions spirites. Pluralité des vies.

En occultisme, la réincarnation ne repose sur rien, ni sur des faits, ni sur des raisons. Elle se fonde purement et simplement sur la parole de l'initiateur. Il suffit de croire celui-ci pour devenir, *ipso facto*, initié, et de demander des preuves pour être et rester profane.

En spiritisme, la réincarnation n'est pas fondée sur des preuves expérimentales.

Les expériences spirites ne prouvent même pas l'immortalité de l'âme ; elles prouvent seulement sa survivance au corps.

L'âme survit au corps ; voilà ce que prouvent péremptoirement les expériences spirites. Est-elle immortelle ? Supposé qu'elle ne le soit pas, combien de temps dure sa vie d'outre-terre ? Se réincarne-t-elle ? Quand, comment, où ? Autant de questions qui ne sont pas résolues, ou du moins, pas d'une manière suffisamment démonstrative, par les expériences spirites.

C'est pour cela que les spirites peuvent être divisés et le sont, en effet, sur la question de la réincarnation, ils pourraient même l'être sur la question de l'immortalité de l'âme, sans cesser pour cela d'être spirites, c'est-à-dire de croire à la survivance de l'âme et aux communications des vivants avec les âmes des morts.

Mais en spiritisme, pas plus qu'en aucune autre science, on ne doit (d'ailleurs on ne peut) se borner aux preuves tirées directement de l'expérience. L'observation et l'expérience sont le point de départ, et non le point d'arrivée de la science. Il faut, partant de là, recourir à l'induction, à l'analogie pour aller plus loin.

« Sans la ressource des probabilités et de l'analogie, a dit Laplace, l'ensemble des connaissances humaines se réduirait presque à rien. »

La survivance de l'âme étant expérimentalement démontrée, voyons donc sommairement ce que l'analogie peut tirer de ce fait.

Comme il n'y a point d'effet sans cause, ni de fait sans but, il y a tout lieu de croire, que l'âme survivant, doit être immortelle. Rien ne se perd. Mais l'immortalité de l'âme étant admise par tous les spiritualistes, qui croient à son autonomie, et n'étant rejetée des matérialistes que parce qu'ils supposent que l'âme elle-même n'a pas d'existence propre, il n'y a pas lieu d'insister sur ce point.

Admettons donc l'immortalité et abordons le problème de la réincarnation.

Du moment que l'âme survit et qu'elle est immortelle, il faut, de deux choses l'une : ou qu'elle reste éternellement *in statu quo post mortem*, ou qu'elle change d'état, de mode d'existence.

Le simple bon sens répugne à croire que l'âme désincarnée restera toujours à ne rien faire, ou ce qui revient à peu près au même, à faire éternellement la même chose.

Pour le plus profane des hommes qui réfléchit à cette question, il est inadmissible que la simple et courte vie, — la moitié des enfants mourant avant d'atteindre l'âge d'homme, — soit tout ce que le Créateur (ou la loi des cycles) ait pu imaginer et réaliser de plus grandiose, et que cette ombre de vie soit suivie d'une éternité heureuse, malheureuse ou indifférente, en tout cas, si peu méritée.

Une pareille conception de l'univers serait tout simplement mesquine et grotesque. Les sauvages même ont des idées plus élevées.

Ce que le bon sens, l'instinct humain nous indique, la raison le confirme.

La vie terrestre est le monde des causes relativement à la vie ultra-terrestre ou spirituelle; c'est-à-dire que, dans cette vie, l'homme prépare par ses actions la condition qui lui sera faite dans l'autre monde.

Et réciproquement, la vie spirituelle est, à son tour, un monde de causes relativement à la réincarnation : l'âme, par ses actions spirituelles, par ses résolutions, prépare sa prochaine existence terrestre.

Notez que cette réciprocité est nécessaire : sans elle, la loi d'analogie, de symétrie serait violée. Pour qu'il y ait harmonie dans l'univers, il faut que chaque état de l'âme (matériel et spirituel) soit en même temps effet de l'état précédent et de cause de l'état suivant.

Par cela même la réincarnation se trouve démontrée analogiquement, en attendant qu'elle le soit expérimentalement. Car c'est toujours ainsi que cela commence : intuitivement, analogiquement, on entrevoit une vérité, et, plus tard, l'expérience vient changer la probabilité analogique en certitude.

Il est donc vraisemblable au plus haut point que l'âme vit alternativement et indéfiniment dans le monde matériel, et dans le monde spirituel, passant de l'un à l'autre dans de certaines conditions et suivant de certaines lois qui ne sont pas fatales, comme nous l'enseignent les occultistes, mais *trinistes* (voyez p. 36); il entre dans ces lois, à diverses doses: la providence divine, la liberté humaine et la fatalité, conséquence de l'usage que fait l'homme de sa liberté.

Reste à savoir si l'âme se réincarne sur la terre, ou sur d'autres planètes de notre tourbillon, ou dans d'autres orbes, comme le disaient les bardes; si, revenant sur la terre, elle peut rétrograder ou non dans l'échelle des êtres terrestres, c'est-à-dire si elle ne peut animer qu'un corps humain, ou un animal, ou même un végétal. Supposé qu'elle puisse rétrograder, jusqu'à quel point cette régression peut avoir lieu? peut-elle aller jusqu'au néant?

Tout cela est matière à discussion. Toutes ces questions ne peuvent être traitées, dans l'état actuel de nos connaissances, que par la méthode analogique.

Mais plus on avance dans le domaine de l'analogie, plus on risque de s'égarer. Il importe donc de ne procéder que graduellement, d'anneaux en anneaux, sans jamais rompre la continuité de la chaîne.

A quelque résultat que l'on arrive, l'essentiel est d'éviter le dogmatisme. Proposons nos idées, ne les imposons pas. Soyons tolérants, c'est-à-dire charitables envers ceux qui ne les partagent pas, comme nous voulons qu'ils le soient envers nous.

Ce n'est pas ici le lieu de traiter à fond toutes ces questions; cependant je les effleurerai un peu en passant pour montrer qu'elles ne sont pas au-dessus de la portée de l'esprit humain, comme on pourrait le croire, et pour voir si les solutions que le spiritisme peut en fournir, valent bien celles que nous offre l'occultisme.

XVI. — Réincarnation. Métempsycose.

D'abord on ne voit pas de raisons pour que la réincarnation n'ait pas lieu sur la terre et même un très grand nombre de fois.

Il semble que l'âme a dû être créée pour accomplir tout le bien dont elle est capable et que comporte un milieu donné, et pour apprendre tout ce qu'il y a d'essentiel à apprendre dans ce même milieu, avant de passer dans un autre.

Or, il faudrait un grand nombre de vies, bien employées et toujours progressives, pour remplir ces conditions. Il y a donc lieu de croire qu'un grand nombre de réincarnations ont effectivement lieu sur la même planète.

Si nous ajoutons à ces considérations que bien des vies sont à peu près nulles, soit par leur brièveté, soit par leur inutilité, et même qu'un assez bon nombre sont pires que nulles, sont négatives, font perdre à l'âme, par de mauvaises œuvres, une partie du progrès acquis par de bonnes œuvres antérieures, on n'aura pas peine à croire que le nombre des incarnations sur la même planète peut être quelquefois presque incalculable.

L'âme étant douée d'une portion de liberté qui est le principe de son perfectionnement, la symétrie nous permet de supposer — nous y oblige presque — qu'elle peut reculer aussi bien qu'avancer; et de même qu'elle peut s'élever jusqu'à Dieu elle doit pouvoir descendre jusqu'au néant.

Le suicide spirituel est aussi naturel que le suicide matériel. Celui-ci est en quelque sorte l'emblème et la preuve de celui-là.

Il suivrait de là que, dans ses réincarnations, l'âme pourrait descendre l'échelle des êtres aussi bien que la gravir et animer des corps de plus en plus matériels, de moins en moins spirituels, sur la même planète et sur des planètes inférieures jusqu'à l'infini.

Si des hommes, même savants, surtout savants, se rabaissent de propos délibéré, avec préméditation, au niveau moral des bêtes, pourquoi les âmes de ces hommes, après désincarnation, ne persisteraient-elles pas dans cette volonté? Pourquoi ne récolteraient-elles pas là ce qu'elles sèment ici, et pourquoi ne sèmeraient-elles pas là leur moisson pour en cueillir de nouveaux fruits de dégradation à leur retour sur cette terre ?

La pluralité des existences sur cette terre et sur les autres terres de notre système solaire et des autres systèmes, *la métempsycose* même, dans son acception généralement admise, n'ont donc rien que de très naturel.

XVII. — Hypothèses scientifiques.

L'objection des astronomes que la plupart des planètes de notre système solaire ne sont pas dans des conditions convenables pour que la vie puisse s'y développer, n'a aucune valeur.

Certaines planètes ou satellites, disent-ils, sont dépourvues d'atmosphères, par conséquent, d'air respirable. Pas d'atmosphère, pas d'eau à l'état liquide; pas d'eau, pas de végétation possible; pas de végétaux, pas d'animaux : de quoi se nourriraient-ils? pas d'animaux, *a fortiori*, pas d'hommes.

Ces savants, qui reprochent si bien aux ignorants de faire des hypothèses, fussent-elles d'une vraisemblabilité qui approche de la certitude, en font eux-mêmes ici plusieurs, qui diffèrent de celles des ignorants en ce qu'elles n'ont pas l'ombre de la vraisemblance.

Ils supposent que les facultés du Créateur sont aussi bornées que les leurs.

Ils supposent — en matérialistes qu'ils sont, peut être sans s'en douter — que l'essence de l'homme, même incarné, consiste à vivre exactement et uniquement du mode de vie que nous lui voyons sur la terre.

Ils supposent que l'homme ne peut vivre sans manger par la bouche, alors que, même sur cette terre, c'est la moindre partie de son alimentation qui passe par cette voie. Ils supposent que tout air respirable peut être soumis à l'observation télescopique et à l'analyse spectrale.

Ils supposent une foule d'autres choses, mais en voilà assez pour prouver que leurs objections, fondées sur des hypothèses aussi fausses, ne méritent pas d'être prises en considération.

Si nous n'avions jamais jeté une ligne ou un filet dans la mer, nous croirions qu'elle est inhabitée. Comment, en effet, concevoir, dans le système de nos savants, que des animaux puissent y respirer alors que nous nous y noyons?

Les savants qui habitent les planètes sans atmosphère visible, — supposé qu'elles soient habitées et qu'il se trouve des savants dans leur population, — doivent assurer que la terre est inhabitée et inhabitable.

« Comment voulez-vous, disent-ils, que des hommes comme nous puissent vivre sur un globe entouré d'une atmosphère grossière, compacte, impure, de plusieurs lieues de diamètre? Il faut avoir perdu le bon sens pour imaginer que la terre est habitée. Nous y serions asphyxiés avant cinq minutes de séjour. »

Et les savants de la planète qui nous paraît anaérée auraient raison au même titre que les nôtres.

Toutes ces spéculations sont plus curieuses qu'utiles. Nous avons voulu en dire quelques mots parce qu'elles intriguent beaucoup de personnes et pour montrer qu'aucune impossibilité physique ne s'oppose à la réincarnation, de quelque façon qu'on l'admette.

L'essentiel pour nous n'est pas où se fait la réincarnation, mais *comment*, dans quelles conditions psychiques elle s'opère.

XVIII. — Lois des réincarnations.

De même que trois éléments entrent dans la constitution *du karma* : providence, liberté et fatalité; de même la réincarnation est déterminée en partie *providentiellement*, en partie *librement*, en partie *fatalement*.

L'âme est déterminée en partie par Dieu (ou un de ses ministres), qui la conseille, en partie par son karma, qui l'incline, en partie par son libre choix.

Il suit de là, contrairement à ce qu'enseignent les fatalistes de l'occultisme, qu'une âme ne se réincarne pas nécessairement en conséquence de son karma. Elle le peut, si elle veut; mais elle veut souvent autre chose, mieux ou plus mal.

Dans le système occultiste, le pauvre a mérité sa misère, comme le riche sa richesse; si vous naissez infirme, c'est que vous avez mérité cette réincarnation par votre vie antécédente, c'est la juste et légitime conséquence du karma que vous vous êtes formé; si vous êtes beau ou laid, fort ou faible, grand ou petit, gras ou maigre, intelligent comme un initié ou stupide comme un profane, c'est toujours dans le karma qu'il faut chercher la seule et unique explication de votre condition actuelle.

Ainsi, pauvres, infirmes, ignorants, ne vous plaignez pas, vous n'avez aucun droit à notre compassion; il faut de toute nécessité que vous expiiez de cette façon vos fautes passées. Estimez-vous bien heureux d'en être quittes à si bon compte.

Et vous, riches, forts, savants, jouissez de tous les plaisirs de la vie, exploitez sans vergogne ce troupeau populaire, ne vous apitoyez pas sur son sort : il l'a mérité ! Surtout gardez-vous bien de venir en aide aux malheureux, de soulager leur misère, de secourir les infirmes et les malades, de consoler les affligés, etc.; vous ne feriez que prolonger leurs souffrances en les allégeant, et retarder le terme de leur expiation.

Notez que je ne fais ici que tirer quelques-unes des conséquences de la doctrine, telle qu'elle est écrite dans les livres et telle que je l'ai entendu soutenir par les adeptes dans leurs conférences.

Dans le système spirite, il est possible que la réincarnation soit la juste conséquence de la vie antérieure; mais il est également possible, et même plus fréquent qu'il en soit autrement.

Tantôt c'est un esprit coupable qui, pris de repentir, s'incarne dans une condition bien inférieure à celle que des fautes plus ou moins graves, peut-être légères, lui ont méritée, afin de mieux faire pénitence et d'arriver plus vite à une épuration plus complète.

Tantôt c'est un esprit saint qui descend à la même condition dans le but d'atteindre un plus haut degré de perfectionnement moral, et aussi pour soutenir et guider par ses conseils ses compagnons d'abjection et de misère.

Il peut également arriver qu'un esprit inférieur veuille prendre une incarnation supérieure à celle qui lui revient de droit, de même que nous voyons des gens criblés de dettes qui continuent d'emprunter tant qu'ils trouvent crédit. Dieu ne s'y oppose pas : il est assez riche pour donner des délais à ses créanciers; mais un pareil esprit subira fatalement les conséquences de son orgueil.

XIX. — Analogies naturelles et spirituelles.

De ces deux systèmes, quel est celui qui satisfait mieux l'esprit et le cœur ?

S'il était vrai, comme le disent nos initiés, que la distribution des biens de ce monde est déterminée nécessairement par le karma, tous les riches devraient être bons et tous les pauvres mauvais, puisque les premiers seraient des incarnations d'esprits qui se sont améliorés dans leur vie antérieure, et les seconds, d'esprits qui se sont fait un mauvais karma.

Comment expliquer, dans cette hypothèse, qu'on trouve de grands hommes — grands moralement aussi bien qu'intellectuellement — parmi les pauvres autant et plus que parmi les riches, alors que ceux-là surtout sont privés d'une foule de moyens de faire ressortir leur valeur?

Comment Jésus serait-il né dans une étable et n'aurait-il été toute sa vie qu'un pauvre charpentier ?

Comment Jacob Boehme, de simple savetier, serait-il devenu le théosophe que l'on connaît ?

Les absurdités d'une pareille hypothèse sautent trop aux yeux pour que nous nous arrêtions plus longtemps à les faire ressortir; et nous pouvons assurer que, si ce système satisfait l'esprit et le cœur des initiés, nous ne les en félicitons pas; en tout cas, cela ne fait nullement l'affaire des profanes.

Mais notre système est-il plus rationnel? A-t-il quelques analogies dans la nature? Trouvons-nous en ce monde quelque chose qui ressemble de près ou de loin aux résolutions que nous prêtons aux esprits et qui en démontre indirectement la réalité?

A coup sûr, nous n'avons que l'embarras du choix.

Depuis la plus haute antiquité, on n'a jamais cru que pauvreté fût vice, ni que la misère fût une punition des dieux ou le privilège des âmes viles.

Au contraire, on a eu toujours et partout, du respect pour l'adversité, on a regardé les pauvres et les mendiants comme des envoyés des dieux, comme leurs favoris.

Cela se voit dans Homère, comme dans la plupart des auteurs anciens et modernes, profanes et sacrés. L'opinion contraire n'a jamais été soutenue que dans les époques transitoires d'orgie matérialiste.

Nous avons dit que des esprits pouvaient s'imposer une incarnation dans une condition inférieure, abjecte même, dans un but de perfectionnement moral individuel et de dévouement pour les autres.

N'avons-nous pas quelque chose d'analogue, même en ce monde? Ne voyons-nous pas des hommes s'imposer librement des tâches utiles ou inutiles? N'en voyons-nous pas se dévouer à une cause quelconque?

Que signifient ces longs pélerinages comme on s'en imposait dans l'antiquité et au moyen âge, et même encore quelquefois de nos jours?

Qu'était-ce que la chevalerie — la vraie, ridiculisée par Cervantes quand elle était, en effet, devenue ridicule — sinon le dévouement du chevalier au faible, à la femme, à la veuve, à l'orphelin, le sacrifice de sa vie et de toutes ses aises à cette idée de justice et de générosité?

Les vœux monastiques paraissent absurdes, matériellement parlant. Mais spirituellement, n'ont-ils pas un sens très profond? Ne seraient-ils pas un symbole de ce qui se passe dans le monde spirituel?

S'il y a des hommes qui renoncent au monde, à l'aisance, à la richesse, pour se consacrer à la vie monastique; si des femmes se vouent à la pauvreté, au soin des malades, à l'instruction des enfants; si une foule d'autres personnes admirent et respectent ces hommes et ces femmes, c'est sans doute parce que tout cela répond à un sentiment qui est naturel dans l'homme et qui a un but prédéterminé.

Pourquoi donc n'y aurait-il pas également dans le monde spirituel des âmes qui feraient vœu de s'incarner dans une condition inférieure, de subir des tribulations et des adversités de toute sorte, soit pour s'épurer, soit pour aider les autres à s'épurer en leur donnant de bons conseils et surtout, de bons exemples?

Pourquoi ce besoin naturel de se dévouer pour d'autres, que nous éprouvons déjà si vivement dès ce monde, sans pouvoir le satisfaire complètement, n'aurait-il pas dans l'autre monde sa satisfaction pleine et entière?

Dans cette hypothèse on peut donc avoir mérité la richesse et renaître pauvre, la beauté et être laid, la santé et naître infirme; de sorte que, dans tous les rangs de la société, il y aurait, comme l'expérience le prouve, des bons et des méchants et que l'on connaîtrait les qualités morales des gens non pas à leur condition sociale, mais à leurs œuvres.

C'est ainsi que l'a entendu toute l'antiquité, comme le prouvent : la manière dont les anciens pratiquaient l'hospitalité, la pitié qu'ils témoignaient aux malheureux, aux criminels même : sévères envers eux-mêmes, ils étaient indulgents et miséricordieux pour les fautes de leur prochain, et préféraient, non sans vraisemblance, les attribuer à une cause occulte dont le coupable était la victime, que d'en faire retomber tout le poids sur le coupable.

Les conséquences morales et sociales de cette manière d'envisager la réincarnation, et qui se déduisent assez d'elles-mêmes pour qu'il soit superflu de s'y arrêter, ne sont-elles pas plus satisfaisantes pour l'esprit et pour le cœur que le fatalisme occultiste qui ne repose sur aucun fait, sur aucune raison, mais sur de pures hypothèses?

XX. — Les Nirvanas spirites.

Nous pourrions montrer maintenant que le nirvana des spirites, qui n'est autre que celui de la tradition celtique, est quelque chose de bien plus précis, plus rationnel et plus moral que celui des bouddhistes exotériques et ésotériques.

Nous prouverions, après l'avoir défini, qu'il y a des nirvanas sans nombre, qu'ont peut atteindre cet état de l'âme dans cette vie et dans toutes les vies possibles et que, par conséquent, il n'est pas nécessaire, pour y arriver, d'attendre que la goutte d'eau appelée âme tombe dans l'océan d'où elle est venue et y perde sa personnalité tout en conservant son individualité, comme l'enseigne M. Sinnett.

Nous ferions voir qu'il n'est nullement nécessaire de gravir les plateaux de l'Himalaya pour apprendre ce que c'est que le nirvana et qu'on le trouve dans toute la philosophie occidentale, et non seulement dans la philosophie spiritualiste, mais dans la philosophie matérialiste. Épicure est un des philosophes anciens qui en donnent l'idée la plus exacte.

En un mot, nous verrions que l'homme peut être en nirvana toujours et partout, s'il le veut; cela dépend uniquement de sa volonté, et non d'aucune loi fatale, comme la loi des cycles ou toute autre.

Cette théorie nous conduirait encore à des

conséquences morales et sociales aussi instructives qu'édifiantes, aussi rationnelles que consolantes, et aussi éloignées de celles qui découlent de l'occultisme que le jour l'est de la nuit.

Mais il faut se limiter. Mon but ici n'est pas de faire un traité didactique, mais de montrer ce que le spiritisme et l'occultisme ont de commun ou de différent. Est-il suffisamment atteint? Je le crois. D'ailleurs, il sera toujours temps d'y revenir s'il y a lieu. En attendant, résumons cette étude et tirons-en la conclusion.

XXI. — Résumé.

Le spiritisme s'occupe de chercher l'explication de phénomèmes dont les causes sont occultes, c'est-à-dire invisibles.

L'occultisme s'occupe du même ordre de phénomènes; c'est tout ce qu'il a de commun avec le spiritisme, car aussitôt il s'en sépare, prétendant donner l'explication définitive et absolue de tous les faits.

Le spiritisme est une science positive, dans la plus pure acception. Il part des faits, les observe, les compare, en cherche les causes et les lois, le *pourquoi* et le *comment*. En un mot, il suit la méthode inductive.

L'occultisme suit la méthode diamétralement opposée, la méthode déductive. Il prétend posséder la clé des cinquante portes de lumière et savoir s'en servir pour expliquer tous les phénomènes possibles et imaginables. Il subordonne ainsi les faits à l'autorité.

Le spiritisme ne fait ni mystère ni parade de ce qu'il sait ou ce qu'il croit savoir. Il n'a pas de dogme, pas de secret. Il *n'étale* ni ne *cache* sa marchandise. Il est occulte par son objet : toutes les sciences le sont; mais il ne l'est à aucun autre égard. Il ne demande pas de chaires dans les universités, il ne sollicite pas de distinctions honorifiques des académies. Il pratique l'égalité et la fraternité encore plus qu'il ne les prêche.

L'occultisme, sa vie même est un mystère. Il se dit engagé par serment à ne pas révéler aux profanes les secrets dont il est dépositaire. C'est une doctrine à double face : exotérique et ésotérique, contradictoires entre elles et, de plus, chacune d'elles est en contradiction perpétuelle avec elle-même. L'occultisme prêche beaucoup l'égalité et la fraternité; mais quelle égalité, quelle fraternité peut-il y avoir entre deux castes : l'une sacrée, l'autre profane?

Le spiritisme ne se croit pas infaillible : les spirites sont des hommes, de simples profanes, et les esprits avec lesquels ils communiquent l'ont été et le seront encore probablement. Il est donc possible qu'il se trompe dans ses observations, dans ses inductions : il aurait cela de commun avec la grande majorité des humains; mais il ne demande pas qu'on le croie sur parole, au contraire, il ne cesse d'en appeler à l'expérience.

L'occultisme est un système *papimanique.* Il se croit infaillible. Il se dit en possession de la science absolue et, au bout du compte, le peu d'idées soutenables qu'il ait émises se trouvent d'accord avec ce que nous trouvons partout (1); mais, par contre, ses erreurs sont innombrables.

Si le spiritisme ne se croit pas infaillible, du moins il ne paraît pas jusqu'à ce jour qu'il se soit trompé sur la nature des faits qui font l'objet de ses observations, puisque tous les hommes de bon sens sont obligés à la file de convenir de leur réalité. Il ne paraît pas non plus, pour la même raison, qu'il se soit trompé dans leur interprétation, dans les inductions qu'il en a tirées. En tout cas, il n'a pas encore eu besoin de changer de nom ni d'opinion.

On ne peut pas en dire autant de l'infaillible occultisme. Le système bouddhique lui donne, dit-il, une raison suffisante de la constitution

---

(1) M. Eugène Nus (*A la recherche des destinées*, p. 242) retrouve, dit-il, dans l'ésotérisme thibétain, les principales idées émises jadis par son guéridon de la rue de Beaune. Quel est le plagiaire, du mahatma ou du guéridon? Il est certain que s'il y avait secret, le mahatma s'y serait pris trop tard pour le révéler et que, puisqu'on a pu se passer de lui cette fois on pourra s'en passer encore à l'avenir. Mais, à la vérité, le secret du mahatma est tout bonnement le secret de Polichinelle; il dort dans tous les bouquins occidentaux depuis des milliers d'années. La religion officielle et sa charmante et très docile fille, la science officielle, sont les seules au monde pour qui l'occultisme soit occulte.

intrinsèque de l'Univers, etc. Mais quand on a une raison suffisante on s'y tient. Il paraît donc que cette raison n'est pas suffisante puisque l'occultisme passe de l'Inde en Perse, de Perse en Égypte, d'Égypte en Judée, etc. Et au milieu de toutes ces pérégrinations, toujours de nouveaux changements et de nouvelles contradictions dans les idées qu'il professe, même les plus fondamentales.

Nous avons vu que le spiritisme croit à l'existence trine de l'âme, à la communication des vivants et des morts, à la pluralité des vies alternativement matérielles et spirituelles. Le spiritisme croit, avec preuves à l'appui, au législateur autant et plus qu'à la loi, à la providence, à la liberté et en dernier lieu seulement à la fatalité.

L'occultisme est matérialiste-fataliste. Pour lui la matière prime tout; la force n'est qu'une modalité de la matière; par conséquent, l'âme est, avant tout, matérielle. La loi des cycles qui gouverne tout, est immuable et aveugle : il n'y a pas de législateur. *Le surnaturel n'existe pas*. Telle est sa devise (1).

(1) Je ne fais pas un crime aux occultistes de leur fatalisme; je crois qu'ils le sont sans s'en rendre compte, comme M. Jourdain était prosateur. Je suis persuadé qu'aucun d'eux n'est capable de définir seulement les mots : matière, force, esprit, corps. Il ne faut pas leur en vouloir : ce sont tous des jeunes gens, M. Michelet (art. cité) a soin de nous en avertir, de peur que nous ne le sachions pas. Or, la jeunesse aisément se trompe. C'est pour cela que nous croyons devoir, charitablement, dans leur propre intérêt, les avertir qu'ils se fourvoient et leur en administrer les preuves.

Les spirites donnent, des phénomènes qui font la base de leurs études, une explication vieille comme le monde, à la vérité, mais qui n'en est pas moins rationnelle. Ils n'en appellent pas à l'autorité ou à la raison pure pour la démontrer, mais à l'expérience. C'est pourquoi ils sont tous d'accord entre eux sur les points fondamentaux de leur doctrine; c'est aussi pourquoi tous les hommes qui veulent, non pas les croire sur parole, mais expérimenter eux-mêmes, ne tardent pas à venir à eux; c'est encore pourquoi on voit rarement des défections parmi les spirites : quand on a bien observé, quand on s'est bien convaincu de la réalité des faits, quand on est à même de les revoir encore, non pas à volonté mais souvent, on est ferme dans sa croyance, cela se comprend.

Les occultistes présentent aussi une explication des mêmes faits; mais, contradictoirement avec toutes les traditions et surtout avec celles même dont ils se réclament le plus, on ne trouve nulle part la trace de leurs ondoyantes théories. Personne n'a jamais dit avant eux, que les apparitions, les fantômes, les visions, les communications que l'on a toujours attribuées à des causes occultes, fussent dues aux élémentals ou aux élémentaires. Eux seuls le disent, et cela doit suffire. Ne leur demandez pas la preuve de leur assertion. Ne les interrogez pas sur la nature, la forme, l'origine, la constitution, la fin de ces éléments, ni, par conséquent, en quoi les élémentals diffèrent des élémentaires. Ils vous fermeront la bouche par le serment qu'ils ont fait de garder le secret sur des choses si importantes. Cependant dans les moments où ils se relâchent du décorum magique, lorsqu'ils déposent la marque du S.·. I.·. ils se laissent aller à vous révéler confidentiellement ce que sont les élémentals et les élémentaires. Malheureusement les profanes n'en sont pas plus avancés, car : 1° les mages modernes sont divisés entre eux sur tous ces points ; 2° chacun d'eux est divisé avec lui-même suivant les temps, les lieux, les personnes et les circonstances (1).

Je connais tel gros bonnet de l'occultisme que j'ai entendu de mes oreilles — et je n'étais pas seul avec lui — expliquer les phénomènes spirites qu'on lui proposait par élémental, élémentaire; élémentaire, élémental, alternativement. Depuis cette époque, il a changé d'opinion bien des fois et il en changera encore. La jeunesse a du temps devant soi.

XXII. — Conclusion.

Cette discussion a été bien longue et bien aride. Les lecteurs qui m'auront suivi doivent avoir épuisé toute leur provision de fluide nerveux, ou

(1) Voyez à ce sujet l'article : *Naïveté ou...* publié par M. Henri Sausse dans le *Moniteur spirite et magnétique* du 15 mai 1891.

peu s'en faut. Ne restons pas sous l'impression douloureuse qui résulte de bourse plate et cerveau vide, et, pour finir, châtions un peu en riant.

J'ai connu, quand j'étais petit, un pharmacien ambulant qui courait les foires — la race n'en était pas encore éteinte. — C'était le sieur Yvon, natif de Mordelle, à trois lieues de Rennes, à cinq lieues de Plélan, à quarante-deux lieues de l'autre côté de Paimpon. Tout vieux que je suis, je me rappelle encore son boniment. — Ce brave homme vendait de la poudre à vers et d'autres drogues qu'il avait été quérir lui-même, assurait-il, au Congo, en Nigritie, en Nubie, en Abyssinie, en Arménie, en Tartarie, en Patagonie, au Pérou, je ne sais où.

Je ne sais pas pourquoi le souvenir de cet honnête industriel se présente à ma mémoire quand je pense à nos jeunes occultistes. Depuis qu'ils sont au monde nous les avons vus descendre des montagnes sacrées du Thibet, se baigner dans le Gange, afin de recouvrir leur bouddhisme d'un peu de brahmanisme. De là ils passent en Chaldée pour se barbouiller de magisme; de Chaldée en Égypte, interroger le rébarbatif sphinx; d'Égypte en Judée pour étudier la Kabbale; de Judée en Bohême pour creuser les mystères du Tarot. Il n'y aurait rien à dire à cela pour tout autre que pour eux. Mais ils nous ont dit, dès leur début, qu'ils avaient la science infuse, qu'ils connaissaient tout et le reste. Et ils le disent encore. Que peut-on bien chercher quand on a tout trouvé? C'est encore là un de ces mystères ineffables comme on en rencontre tant dans l'occultisme.

Voulez-vous que je vous dise franchement ma pensée? Les prétendus secrets dont les occultistes se disent dépositaires sont purement mythiques, ils n'existent pas même dans leur imagination. C'est pour cela qu'ils ont plus envie — et besoin — d'en acquérir que d'en communiquer.

Il y a des secrets dans la nature, elle en est pleine; il y en a toujours eu et il y en aura toujours. Mais il n'y en a point parmi les hommes. Supposé que quelque mortel en possède, ou ils ne valent pas cher — car il les vendrait, par le temps qui court, — ou ils sont faciles à trouver en puisant à la même source, la nature, que leur détenteur.

C'est donc dans la nature qu'il faut chercher si l'on ne veut perdre son temps. « Cherche la vérité avec un cœur simple, a dit Bernardin de Saint-Pierre, cherche-la surtout et avant tout dans la nature. »

A cette source, tu es toujours assuré de ne pas chercher en vain; si tu ne trouves pas cela même que tu cherches, tu trouveras autre chose, meilleur ou pire, mais plus souvent meilleur que pire, car la nature n'est point ingrate.

Garde-toi bien d'aller solliciter les marchands de secrets; tu ne peux manquer d'y perdre ton temps, ta peine, ton argent et peut-être même ta réputation et ta dignité.

L'expérience de tous les siècles prouve que les découvertes les plus utiles, les plus importantes ont été faites par des ignorants, même par des enfants, en dehors des corps savants et de leurs mystérieuses initiations, et même malgré eux.

Quant aux inventions qui ne sont que de pure curiosité, il n'y aurait pas grand mal à ce qu'elles restassent dans le sein de la nature, ou que ceux qui les font les gardent.

Mais ce n'est pas ainsi que les choses se passent. D'abord, ceux qui les font aiment à les communiquer à leurs proches, avec ou sans profit, et de proche en proche, elles arrivent jusqu'à Polichinelle.

Supposé que ces inventeurs ne les révèlent que sous le sceau du secret, comme Mesmer voulait le faire pour le magnétisme ; il y aura toujours des Bergasse, des Puységur, etc., qui divulgueront le secret au profit de l'humanité, et d'autres qui le vendront au rabais à l'instar et en concurrence de l'inventeur. Et quel recours peut-il avoir contre eux?

Supposons même, ce qui est de toute invraisemblance, que tous les initiés gardent le secret, il serait encore vite dévoilé, car une découverte se fait toujours par plusieurs personnes à la fois : Leibnitz et Newton ont découvert en même temps le calcul infinitésimal. On en dit autant de Darwin et Wallace pour le transformisme, et on pourrait le dire pour mille autres inventions.

C'est donc se leurrer soi-même, que d'aller solliciter auprès de ses semblables la révélation de secrets quels qu'ils soient, fussent-ils réels. Ceci s'adresse, je tiens à le dire sans détour, à certains spirites mieux intentionnés qu'inspirés. Si un homme au monde possède un secret, il n'a pu le tirer que de la nature. Cela doit surtout s'appliquer aux occultistes, qui proclament que le *surnaturel n'existe pas*.

Chacun de nous ayant une intelligence qui en vaut bien une autre, nous pouvons donc, en puisant à la même source, trouver la même chose, peut-être mieux, et sans faire de bassesses.

Si un pontife quelconque, se disant possesseur d'un secret, vous tient la dragée haute, soyez bien persuadé que le secret est léger, ou bien son bras se lassera plus vite de le tenir en l'air que vous d'attendre qu'il le divulgue. Laissez-le donc dire et faire et passez votre chemin.

L'occultiste Cagliostro s'annonçait aussi comme étant d'une nature privilégiée, en possession de pouvoirs extraordinaires ; il prétendait guérir les malades, évoquer les morts *à volonté*, etc. Il le faisait quelquefois, comme on l'a toujours fait et comme on le fait encore de nos jours, sous nos yeux ; mais ne pouvant réussir toujours, à volonté comme il s'en vantait, il fut obligé, pour soutenir ses affirmations charlatanesques, d'user de supercheries et, la fraude découverte, la science, toujours précipitée quand il s'agit de consolider le matérialisme, en conclut que tout n'était qu'imposture. Beaucoup de magnétiseurs s'étant déclarés partisans du célèbre occultiste, l'échec rejaillit sur eux et, par contre-coup, sur le magnétisme, qui fut quelque temps englobé dans la réprobation qui avait frappé l'occultiste.

Je rappelle cet événement pour le livrer à la méditation des occultistes aussi bien que des spirites ; mais surtout pour mettre le public en garde contre les conséquences qui pourraient résulter des accointances de certains spirites avec les occultistes.

Le jour où l'occultisme s'écroulera, — il ne s'écroulera pas, ce n'est pas un édifice,— disons le jour où il se dégonfiera et s'évanouira, il ne faut pas que le spiritisme en subisse les conséquences ; et, pour cela, il faut qu'il soit bien établi que l'occultisme et le spiritisme sont deux choses, non seulement différentes, mais diamétralement opposées.

Le spiritisme, comme le magnétisme, repose sur des faits qui tombent sous les sens, qui peuvent être soumis à l'observation et même, dans une certaine mesure, à l'expérimentation.

Le spiritisme n'a pas de secrets, pas de mystères, pas de dogmes ; ce n'est pas une maçonnerie franche ou hypocrite, ce n'est pas une superstition, c'est une science et, par conséquent, une religion.

Car la science, c'est ce qui relie les choses aux causes.

Le spiritisme n'admet pas de castes d'initiés et de profanes. Il ne se propage et se démontre pas dans l'ombre, mais au grand jour, à la face du ciel et de la terre, au vu et au su de tout le monde.

Le spiritisme ne met pas le peu de lumière dont il dispose, tantôt sur les tréteaux, tantôt sous le boisseau. Il la tient à la disposition de tout le monde, mais il ne va pas l'offrir de porte en porte. C'est à celui qui a besoin de feu d'en demander, on ne lui refusera pas. Chacun doit gagner son pain, spirituel aussi bien que corporel, à la sueur de son front.

Quand l'occultisme admettra cette profession de foi, il sera permis de le confondre avec le spiritisme. Mais, alors, son nom sera en contradiction avec sa doctrine, et il faudra y renoncer.

XXIII. — Épilogue.

La question de l'organisation du congrès de 1894 a été soulevée dernièrement, je ne sais pas par qui ni pourquoi, puis elle a été ajournée à un an. Cet ajournement ne doit pas empêcher d'y penser, d'en parler, de s'y préparer.

Le point en litige, le seul qui ait été discuté, consiste à savoir si l'on doit admettre ou exclure les occultistes du prochain congrès.

Je n'ai pas mission de traiter ce point ; on m'offrirait cette mission que je ne l'accepterais pas pour plusieurs raisons :

D'abord, parce que je ne suis pas partisan des congrès. Je n'ai pas à motiver ici mon opinion sur ce point. Il suffit que je n'empêche pas les autres d'y prendre part si cela leur est agréable.

Ensuite, n'ayant pas fait partie du congrès de 1889, je ne sais pas ce qui s'y est passé, quels engagements y ont été pris pour ou contre les occultistes. Je ne sais même pas combien d'occultistes faisaient partie de ce congrès.

Malgré mon ignorance de toutes ces choses, comme la question du congrès a d'intimes rapports avec celle que j'ai traitée dans cet opuscule, je prendrai la liberté d'exposer mon opinion sur la matière. Étant indépendant, je n'en serai peut-être que plus impartial.

Les quelques spirites partisans de l'occultisme disent que, le congrès de 1889 ayant voté à l'unanimité le prochain congrès, personne, pas même le Comité de propagande, n'a le droit d'exclure de ce dernier aucune des écoles qui ont pris part au premier.

Voilà une jurisprudence, — je ne sais pas d'où elle sort, je doute même qu'il en existe aucune pour les congrès, — qui prouverait, si elle était fondée, que j'ai grandement raison de ne pas prendre part à ce genre de manifestations, quand même je n'en aurais pas d'autres. Car je n'aime point à engager ainsi ma liberté sans bien savoir pour combien de temps, à quelles conditions, et sans réciprocité.

Je donne l'hospitalité à un étranger, à un inconnu. Quand il est repu, reposé, réconforté, il se met à m'insulter, à me frapper, et je n'aurais pas le droit de le mettre à la porte?

Si le congrès de 1894 doit être calqué sur celui de 1889, il faut sans doute que les éléments constitutifs du premier restent intégralement les mêmes au moins jusqu'au second.

Est-ce ici le cas? Avec une doctrine aussi ondoyante que celle des occultistes, on pouvait se tromper sur leur compte; on pouvait les croire spiritualistes. Eux, de leur côté, pouvaient ne pas connaître suffisamment le spiritisme: ce sont tous des jeunes gens, nous dit M. Michelet.

Mais aujourd'hui, il est visible aux yeux de tout le monde qu'il y a eu erreur de part ou d'autre, peut-être des deux. Nous avons vu que la doctrine qui donne aux occultistes une explication satisfaisante de l'Univers est matérialiste, fataliste et remplie d'erreurs de toutes sortes. Rien n'est plus contradictoire avec le spiritisme.

Faudra-t-il que le mort et le vif restent attachés? Les spirites seront-ils contraints de rester liés aux occultistes dans ces conditions, et, réciproquement, les occultistes aux spirites?

Le spiritisme, dit-on encore, doit admettre la libre discussion de tout ce qui touche aux destinées humaines.

Il semble que si quelqu'un au monde admet la libre discussion, c'est bien le spiritisme. Et par contre, si quelqu'un la rejette, c'est l'occultisme. C'est précisément parce que le spiritisme admet la discussion qu'il n'a et ne peut avoir rien de commun avec l'occultisme.

Voici le bouquet. « Sans tendre docilement le cou à des adversaires dont un certain nombre ne demanderait peut-être pas mieux que d'être débarrassés de nous, sachons écouter leurs raisons. »

Oui, *leurs raisons*. J'ai lu trois fois le mot, ne pouvant pas croire qu'il n'y eût pas faute d'impression.

Et c'est précisément à celui qui formule cette proposition que les occultistes ont dit en termes très clairs qu'ils n'avaient pas de raisons à lui donner, qu'il n'était qu'un profane, et que, d'ailleurs, ils étaient engagés par serment à garder le secret. Le fameux secret !

A moins de supposer que l'occultisme a voulu, en 1889, se servir du spiritisme comme piédestal pour être vu de plus loin et que, la farce jouée, il ait témoigné sa gratitude de la façon que tout le monde sait, il faut croire que les occultistes se sont fourvoyés. Ou ils ont cru que les spirites étaient, comme eux, des hommes à secrets, des espèces de serrures de sûreté, ou, trop jeunes qu'ils étaient, ils ne s'étaient pas encore aperçus que les spirites « n'avaient que la foi et une grande ignorance ».

Maintenant que les mages, qui savent tout mais qui ne savaient pas cela, sont édifiés sur les spirites, il est évident qu'ils doivent bien se mordre les doigts de s'être compromis ainsi avec eux, et se promettre qu'on ne les y reprendra pas.

Avant de les exclure du prochain congrès, il faudrait donc savoir s'ils ne s'excluront pas eux-mêmes. Il faut faire tout son possible pour ne pas défoncer les portes ouvertes, surtout les portes de lumières occultes !

Laissez venir à moi les petits enfants, disait Jésus.

Les spirites peuvent bien le paraphraser et dire : Laissons venir à nous les jeunes gens, fussent-ils occultistes.

Il n'y a donc lieu d'exclure personne du congrès; mais il y a lieu d'en établir le programme avec toute la précision possible, afin qu'il n'y ait pas de malentendus, que personne ne puisse s'y fourvoyer.

Et, alors, ceux à qui ledit programme ne conviendra pas s'excluront d'eux-mêmes.

Si le programme du congrès est réellement spirite, c'est-à-dire s'il pose comme principes : l'existence et la survivance de l'âme; la démonstration de cette existence et de cette survivance par la méthode expérimentale; par conséquent, la réalité des communications entre les vivants et les âmes des morts; s'il laisse à la libre discussion toutes les autres questions subsidiaires, il est clair que les occultistes, à moins de renoncer formellement au « bouddhisme ésotérique » s'excluront eux-mêmes. Il n'y a pas à sortir de là.

Il est évident que cette profession de foi n'a rien de trop rigoureux, puisque, sans elle, le spiritisme n'a pas d'objet.

Pour faire partie du congrès de 1894, il suffira donc, à mon avis : 1° de croire à l'existence et à la survivance de l'âme humaine; 2° de croire à la possibilité des communications entre les vivants et les morts; 3° d'admettre la méthode expérimentale pour la recherche des preuves de ces croyances et leur démonstration.

Cela suffira aussi pour que les occultistes ne puissent y prendre part.

TABLE DES MATIÈRES

Paris. - Typ. A. Davy, 52, rue Madame. — *Téléphone.*

Paris — Typ. A. DAVY, 52, rue Madame — *Téléphone.*

www.ingramcontent.com/pod-product-compliance
Lightning Source LLC
LaVergne TN
LVHW050610090426
835512LV00008B/1428